AF329485

GUIDE ET SOUVENIR

D'UN PÈLERINAGE

AU MONASTÈRE

DE LA PIERRE-QUI-VIRE

(YONNE)

SENS

IMPRIMERIE CH. DUCHEMIN
Rue Royale, 49.

PRÉFACE

BIENVEILLANT LECTEUR,

Depuis longtemps on réclame quelque chose qui parle de la Pierre-qui-Vire, qui la fasse connaître, qui en rappelle les principaux souvenirs.

Voici ce quelque chose. Si vous ne connaissez point le monastère, il pourra vous en donner une idée, vous inspirer le désir d'un pieux et agréable pèlerinage, et vous servir de guide.

Si vous le connaissez, il servira à fixer vos pensées, à raviver vos impressions, à renouveler vos sentiments.

En tout cas, lisez-le, et soyez indulgent pour celui qui a écrit ces pages, lui donnant un souvenir et une part dans vos prières.

Monastère de Sainte-Marie de la Pierre-qui-Vire, le 16 juillet 1871, fête de N.-D. du Mont-Carmel.

GUIDE ET SOUVENIR

D'UN PÈLERINAGE

AU MONASTÈRE DE LA PIERRE-QUI-VIRE

(YONNE)

CHAPITRE Iᵉʳ.

LE RÉVÉREND PÈRE MUARD.

Le Révérend Père Marie Jean-Baptiste Muard vint au monde le 24 avril 1809, dans un humble village de la Bourgogne nommé Vireaux, au diocèse de Sens, à 12 kilomètres environ au sud-est de Tonnerre.

Dès sa plus tendre jeunesse, il donna l'exemple de toutes les vertus. A un âge où les autres enfants n'ont de goût que pour le jeu et le plaisir, le jeune Muard se distinguait par une douceur inaltérable, une patience à toute épreuve, une forte inclination pour la solitude et le silence, un grand amour de la prière, une tendre dévotion envers Marie, un zèle ardent pour la gloire de Dieu et le salut des âmes. Au petit et au grand Séminaire, il mena la vie d'un saint, et il n'y avait qu'une voix pour lui décerner ce titre.

Devenu prêtre, il occupa successivement la cure de Joux-la-Ville et celle de Saint-Martin-d'Avallon : dans ces deux paroisses, il déploya toute l'activité de son zèle, ramena à Dieu un grand nombre de pécheurs, et opéra un bien qui demeure sensible après tant d'années.

Ce n'était point toutefois un champ assez vaste pour son cœur d'apôtre. Il avait longtemps souhaité le martyre dans les missions étrangères : arrêté dans cet élan généreux par une volonté supérieure, et ne voyant point jour pour le moment à ses projets, il tourna toutes ses pensées vers l'établissement des missions diocésaines, réservant l'avenir et comptant sur Dieu pour la réalisation de ses plus chers désirs.

Après avoir fait l'apprentissage des missions chez les RR. PP. Maristes de Lyon, il revint au bout d'un an dans son diocèse et y fonda un Institut de Missionnaires, dans l'ancienne abbaye de Pontigny, qui commença dès lors à se relever de ses ruines. Cette pieuse société, formée sous le patronage des SS. Cœurs de Jésus et de Marie, et sous l'invocation de saint Edme, archevêque de Cantorbéry, et de saint François-Xavier, apôtre des Indes, se prodigua sur tous les points du diocèse et y exerça le ministère des missions qui a opéré tant de bien, régénéré tant de paroisses, ouvert à tant d'âmes la voie du salut, et qui depuis n'a cessé d'aller en se développant de jour en jour.

Le cœur apostolique du P. Muard devait être content, et il eût pu se reposer dans la jouissance du bien qu'il avait accompli. Mais il semble que rien ne pouvait satisfaire et éteindre la soif d'amour et de dévouement qui dévorait l'âme de ce grand serviteur de Dieu. A peine sa première œuvre est-elle achevée et consolidée, qu'il sent naître en son cœur un nouveau projet. Une vue subite et distincte, qui sans nul doute venait d'en haut, lui montre une nouvelle société composée de trois sortes de personnes, dont les uns se consacreront plus particulièrement à la prière et à la vie contemplative, les autres à l'étude et à la prédication, les derniers au travail des mains.

Après avoir longtemps hésité, longtemps prié et réfléchi, après avoir consulté tous les hommes éminents en lumières et en sainteté qu'il put trouver, après avoir fait retraite sur retraite, convaincu enfin que telle était l'expresse volonté de Dieu à son égard, il se rendit avec deux compagnons au monastère de Subiaco, berceau de l'ordre Benédictin, puis avec deux nouveaux compagnons au monastère d'Aiguebelle, en France, pour y étudier à sa source la pratique et le secret de la vie religieuse, et, après vingt mois d'absence, il revint dans son pays pour y poser les fondements spirituels et matériels de cette nouvelle œuvre.

CHAPITRE II.

LA PIERRE-QUI-VIRE.

Qu'est-ce que la Pierre-qui-Vire ?

Jusqu'en 1850, ce n'était qu'une contrée sauvage, couverte de bruyères, de forêts, de rochers abrupts, où l'on n'entendait que les bruyantes cascades d'un torrent, le cri des oiseaux de proie, ou la voix agreste des pâtres du Morvand.

C'est là que le P. Muard résolut de planter sa tente. La pieuse et illustre famille de Chastellux donna le terrain pour la

construction du monastère. On se mit ra-
pidement à l'œuvre : on arracha les arbres,
on coupa les bruyères, on fendit les blocs
de granit pour en former les matériaux de
l'édifice. Les nouveaux habitants du désert
nivelèrent le sol, ouvrirent des chemins à
travers les broussailles et les rochers, fouil-
lèrent la terre en tous sens, et commencè-
rent ces jardins aujourd'hui si fertiles,
échelonnés sur le penchant de la montagne
et arrosés par des conduites d'eau qui tom-
bent d'étage en étage dans des réservoirs.

Non loin du monastère, vers le nord-
ouest, on voit un vieux monument druidi-
que, composé de deux blocs énormes de
granit superposés, dont l'un taillé en forme
de cône pouvait jadis être mu et rouler sur
l'autre comme une porte sur ses gonds : de
là, le nom de Pierre-qui-Vire, qui fut étendu
ensuite à toute la contrée.

Entre ce monument et le monastère, à
quelques pas des nouvelles constructions,
jaillit une source d'eau vive qui ne tarit
jamais, et connue de temps immémorial
sous le nom de fontaine Sainte-Marie.

De ce double nom, dont l'un porte avec
lui la joie et l'espérance, et l'autre charme
l'imagination par les mystérieux souvenirs
qu'il rappelle, le monastère a tout naturel-

lement emprunté son nom de Sainte-Mar
de la Pierre-qui-Vire, nom mille fois bér
et sacré, qui retentit doucement à l'oreill
fait tressaillir le cœur, et amène la joi
l'espérance et le salut.

Après avoir préparé le matériel, par qua
tre mois et demi de pénibles travaux,
fallut songer à une consécration religieuse
solennelle, qui fit entrer d'une part le nou
vel institut dans la vie publique de l'Eglise
et produisit d'autre part sur les population
une impression profonde et ineffaçable. L
3 octobre 1850 fut le jour choisi pour l'émis
sion des vœux. L'Eglise de Saint-Léger
Vauban fut l'heureux témoin de ces enga
gements sacrés. M. l'archiprêtre d'Avallon
l'infatigable ami et protecteur de la Pierre
qui-Vire, reçut les vœux du P. Muard a
nom de Monseigneur l'Archevêque de Sen
et le constitua supérieur de la nouvell
communauté, après quoi, ce dernier, invest
de l'autorité légitime, reçut à son tour le
vœux de ses compagnons de pénitence e
d'apostolat.

Après la cérémonie, tout le pieux cortég
se mit en marche, et à travers les bois e
les rochers, bannières en tête, se rendit a
monastère de la Pierre-qui-Vire, en chan
tant le *Lætatus sum* et l'*In exitu* si bien ap-

propriés à la circonstance. On installa, pour ainsi dire, les Religieux dans leur couvent, et pendant qu'ils reprenaient les saints exercices de la vie monastique, les pèlerins s'en allèrent de tous côtés, racontant partout les émotions de la journée et ne parlant qu'avec enthousiasme de cette nouvelle Thébaïde qu'ils venaient de voir.

CHAPITRE III.

LE GENRE DE VIE. — LE BUT.

Les Religieux de la Pierre-qui-Vire suivent la règle de saint Benoît, connue du monde entier. Ils couchent sur la dure, se lèvent la nuit pour psalmodier les divins offices, font abstinence de vin et de viande, excepté les cas de maladie, observent au monastère un silence perpétuel. Le temps se partage entre la prière, l'étude et le travail des mains : tous, sans distinction, s'occupent, chaque jour, au moins une heure, à cultiver la terre, arroser les jardins, ramasser du bois, remuer les pierres, afin d'accomplir à la lettre cette loi pénitentielle de la sainte Écriture : « Vous mangerez votre pain à la sueur de votre front. »

Le but fondamental de l'œuvre, c'est d'associer dans un même corps la vie monastique et la vie apostolique. Le P. Muard s'est proposé avant tout de former des Religieux, des hommes de prière et de pénitence, qui puissent fléchir la juste colère de Dieu, et attirer ses miséricordes sur les pauvres pécheurs.

Pour exercer une action plus immédiate sur les âmes, il ajouta, comme dit l'Écriture, à la prière et à la pénitence, le ministère de la parole : parmi les Religieux, il y a donc des prêtres, et ceux-là seulement que les supérieurs croient devoir appliquer à cette fonction, qui vont au dehors prêcher des retraites et des missions, pendant que leurs frères restés au désert soutiennent, par leurs oraisons et leurs mortifications, l'action de la parole divine : les prêtres eux-mêmes doivent exercer longuement au monastère, dans l'intervalle des missions, cet apostolat de la prière et de l'expiation.

A ce moyen principal de la prédication, s'en joignent d'autres, qui, pour être secondaires, n'en ont pas moins la plus salutaire influence sur les âmes.

La Pierre-qui-Vire est un lieu de pèlerinage. De nombreux visiteurs y affluent chaque jour de tous côtés, et si la curiosité y a sa part, nous pouvons assurer que l'esprit de foi et la piété en sont le plus ordinaire et le plus actif stimulant. Beaucoup y viennent pour se confesser et communier : tous ou presque tous ont à cœur au moins de s'agenouiller et de réciter une courte prière, soit devant l'image de Notre-Dame, soit aux pieds de la statue du Sacré Cœur, soit devant la tombe vénérée du P. Muard.

En même temps, la Pierre-qui-Vire offre sa paisible solitude à ceux qui veulent suivre les saints exercices de la Retraite. Loin des bruits du monde, avec son silence perpétuel, le spectacle de sa vie religieuse, son horizon concentré, elle est merveilleusement propre aux grandes pensées qui rappellent l'homme des biens visibles et passagers aux biens invisibles et éternels.

— A un autre point de vue, par da position géographique à l'extrémité du diocèse de Sens, aux confins des diocèses de Dijon et de Nevers, non loin du diocèse d'Autun, elle apparaît comme le point central et le rendez-vous de toute cette contrée.

Finalement, la Pierre-qui-Vire est comme une hôtellerie de Dieu, où l'hospitalité s'exerce avec la cordialité traditionnelle dans l'ordre de saint Benoît. Les pauvres qui n'ont pas de pain, les voyageurs qui n'ont pas d'asile y trouvent, avec le vivre et le couvert, suivant l'expression vulgaire, une parole amie qui les rapproche de Dieu, leur aide à supporter les prétendues injustices de la fortune, et leur rend moins lourd le fardeau de leur vie.

CHAPITRE IV.

LA GÉOGRAPHIE ET LE PAYSAGE.

La Pierre-qui-Vire est située presque à la lisière du Morvand, du côté nord, à 7 kilomètres sud-est de Quarré-les-Tombes, à 4 kilomètres de Saint-Léger-Vauban, à 9 de Rouvray (Côte-d'Or). Elle est dans le département de l'Yonne, de la commune de Saint-Léger-Vauban et du canton de Quarré-les-Tombes.

Le Morvand est un pays riche en sites pittoresques. Montagneux et couvert de forêts, il présente les aspects les plus variés ; des collines de granit, des mamelons de verdure, des ravins profonds, des torrents, des cours d'eau paisible, des maisons disséminées çà et là au milieu des bois lui donnent la physionomie la plus curieuse et la plus intéressante. Au dire des touristes, cette contrée ne manque pas d'analogie avec les montagnes de la Suisse : elle n'en a pas le grandiose, mais elle est en quelque sorte la miniature.

Le monastère est bâti à mi-côte sur une langue de terre qui forme plateau, regardant le midi et le couchant, flanquée d'énormes rochers taillés à pic, et abritée au nord et à l'est par de hautes montagnes. Une gorge étroite, qui s'élargit de quelques mètres en longeant le couvent, court du sud au nord-ouest, en décrivant des courbes nombreuses, et fournit au torrent un lit où il se précipite avec fracas contre les rochers qui obstruent son passage. Sur la rive gauche de ce torrent, entre le midi et le couchant, se dresse une montagne élevée qui coupe l'horizon et ne présente à l'œil que son immense tapis de verdure en été, et sa blanche toison de neige et de frimats en hiver.

De quelque côté que vous portiez les regards, vous n'apercevez que la terre qui vous porte et le ciel qui vous couvre et vous éclaire : à peine si dans le lointain vous découvrez vers le couchant quelques toits de chaume à demi cachés par les genêts et des broussailles : c'est la seule trace visible du monde au milieu de cette solitude.

CHAPITRE V.

L'ITINÉRAIRE.

A travers tant de rochers, de précipices et de montagnes, il semble que la Pierre-qui-Vire soit inaccessible. N'en croyez rien, timide voyageur, et n'ajoutez pas foi à des récits fabuleux dont l'imagination a fait tous les frais.

Pour un pays de Morvand, la Pierre-qui-Vire est d'un accès facile, témoins les innombrables pèlerins qui s'y rendent tous les jours, et de toutes les manières, à pied, en voiture, en omnibus, en calèche, etc.

Trois routes aboutissent à Saint-Léger-Vauban : l'une vient de Quarré-les-Tombes et fait le service de Chastellux, Vézelay,

...ormes et la Nièvre : l'autre vient de Cussy-
es-Forges, et fait le service d'Avallon,
Isle-sur-le-Serein, Tonnerre, Auxerre et
Yonne : la troisième vient de Rouvray et
fait le service de Semur, Montbard, Sau-
lieu, la Côte-d'Or et Saône-et-Loire. De
Saint-Léger à la Pierre-qui-Vire, ce n'est
plus, il est vrai, ce qu'on appelle en style
de voierie, une route classée : mais c'est
une belle et large voie, ouverte dans la
montagne et soigneusement entretenue par
les Religieux, à qui elle sert de débouché
et de chemin de transport pour tous leurs
approvisionnements : si elle n'a point le
commode avantage des routes unies de la
plaine, elle a en revanche le charme des
détours variés et des frais ombrages.

Mais, croyez-moi, si vous êtes un tou-
riste amateur de la vraie et belle nature,
laissez votre attelage à Quarré-les-Tombes
ou à Rouvray, et venez à pied par les
sentiers qui sillonnent la forêt.

Le chemin de Rouvray traverse la petite
commune de Saint-Andheux, perchée
comme un nid sur la pointe de la montagne, puis le hameau de Ferrières, et lais-
sant à droite celui de Ruères, entre dans
la forêt dont il gravit péniblement la montagne. Quand vous arriverez au sommet,

respirez un instant et prenez courage, il
ne vous reste plus qu'à marcher droit devant vous, et bientôt vous allez voir se des-
siner dans l'azur du ciel la statue de Notre-
Dame de la Pierre-qui-Vire. C'est la Reine
du lieu, saluez-la en passant, et son regard
maternel va vous montrer la porte du monastère.

Le chemin de Quarré-les-Tombes est encore plus pittoresque. Après avoir mesuré
un kilomètre environ sur la route qui con-
duit à Saint-Léger, jetez-vous sans crainte
dans un chemin étroit, profond, situé à
votre droite, et qui de montagnes en val-
lées va vous conduire au hameau de Trinclin, jeté à cheval sur le ruisseau de même
nom. Après avoir traversé les deux ponts
de pierre qui ont succédé aux passerelles
en bois des temps anciens, vous vous trouvez au pied d'une montagne élevée, d'une
pente rapide, et qu'il faut nécessairement
arroser de ses sueurs : mais vous en serez
dédommagés en arrivant au sommet, quand
vous verrez se dérouler à vos pieds la petite vallée du Trinclin, gracieusement dé-
coupée par des monticules arrondis, puis
s'élargissant vers le nord et donnant une
échappée de vue sur les sites les plus ar-
tistement variés. De là, vous entrez à droite

dans le fourré du bois, et vous longez sur la côte la rive droite du Trinclin : le bruissement des eaux, les côteaux qui dominent la rive gauche du torrent sont un guide sûr qui vous mène jusqu'au pied du monastère. Un peu avant d'arriver, au détour d'un chemin, vous en voyez tout à coup se dérouler le panorama complet, la flèche du clocher qui s'élance dans les airs, le chevet de l'église, les bâtiments réguliers, et de ce côté-là aussi la statue de la Vierge Marie qui semble marcher devant vous.

D'autres chemins conduisent encore au monastère : mais ils se croisent et se perdent tellement dans la forêt, qu'il faut être né au pays du Morvand pour ne point s'y égarer. S'il vous arrivait, pèlerin attardé au déclin du jour, de vous trouver engagé dans ces labyrinthes, ne vous effrayez pas : la cloche du couvent qui perce à chaque instant les airs de sa voix argentine vous tiendra lieu de fil conducteur, et vous amènera infailliblement au gîte du repos.

CHAPITRE VI.

LE PETIT MONASTÈRE.

Revenons sur nos pas et remontons à quelques mois dans le passé.

Quand le P. Muard vint au mois de mai 1850 pour prendre possession de la Pierre-qui-Vire, les murs du couvent n'étaient pas terminés : il fut donc obligé d'accepter, avec ses compagnons, l'hospitalité que lui offrit la bienveillance si connue de M. La Vancy, curé de Saint-Léger.

Pendant les six semaines que dura ce séjour, chaque matin les austères cénobites franchissaient la distance qui sépare le village du monastère, et chaque soir, après les pénibles travaux du jour, ils reprenaient le chemin du presbytère : c'était un surcroît de fatigue qu'on ne pouvait imposer longtemps à des hommes exténués déjà par les austérités et les durs labeurs auxquels ils se livraient.

Le P. Muard songea donc à bâtir une tente provisoire : il en choisit l'emplacement sur la pointe du rocher qui domine le torrent. Vous pouvez la voir ; elle est encore debout : elle mesure environ 9 mètres de longueur sur 3 de largeur ; c'est une construction d'un genre à part, qui tient du *torchis* et du galandage : elle est couverte de paille et surmontée d'une petite croix de bois.

Telle n'était point sa primitive splendeur. Ce n'était d'abord que de simples planches, mais mal joints, qui laissaient pénétrer le vent et la pluie, et dont on bouchait les plus grandes ouvertures avec de la mousse ou du papier. A la moindre rafale, la pauvre cabane était balancée comme le nid des oiseaux sur la branche des chênes, et quand redoublait la violence de l'ouragan, elle menaçait à chaque instant de s'envoler dans les airs.

A peine cette humble chaumière fut-elle construite qu'elle devint tout un monastère avec ses lieux réguliers ; c'est ce qui lui a valu de la part de ses premiers hôtes le doux nom de *Petit Monastère*, qu'elle a conservé dans le langage officiel de la communauté bénédictine. On la divisa en trois parties : la première, au nord, devint la cuisine ; la seconde, au milieu, fut à la fois un atelier, le réfectoire, le chapitre et le dortoir ; la troisième, au midi, fut des tinée au service divin : ce fut la chapelle.

C'est là que le 2 juillet 1850, fête de la Visitation de la très-sainte Vierge, fut célébrée la première messe au désert. Qu'il y a dans les choses humaines d'admirables et divins retours ! Au lieu qu'autrefois le sang humain engraissait cette terre, c'est maintenant le sang divin qui coule sur l'autel et purifie les âmes. Au lieu que les échos ne répétaient que les chants féroces des Druides acclamant le dernier soupir de leurs victimes, ils n'ont plus à redire maintenant que les graves et mélodieux accents de l'*O Salutaris Hostia*, et des autres cantiques sacrés.

Depuis ce jour de précieuse mémoire, la louange de Dieu n'a point cessé dans la solitude. On l'entend la nuit devancer l'aurore et inviter toute créature à donner à Dieu les prémices du jour ; on l'entend le soir, quand les ténèbres couvrent déjà la terre, rappeler aux hommes la reconnaissance pour les bienfaits de Dieu.

CHAPITRE VII

LA STATUE DE SAINTE-MARIE DE LA PIERRE-QUI-VIRE.

De quelque côté que vous arriviez au monastère, l'objet qui tout d'abord captive vos regards, c'est la statue de la Vierge Marie, appelée Notre-Dame de la Pierre-qui-Vire. Elle est debout sur un piédestal qui s'assoit lui-même sur le vieux monument druïdique : de là, elle règne pleine d'une majestueuse douceur, sur la féroce idolâtrie qu'elle foule à ses pieds, et sur le monastère qu'elle couvre de son maternel regard.

Dès la fondation de la Pierre-qui-Vire, le P. Muard avait voulu élever un monument à Marie, en témoignage de sa reconnaissance et de son dévouement. En 1852, il fit vœu d'ériger ce monument. Exaucé dans sa prière, il se mit aussitôt à l'œuvre : il fit sceller à son support, la pierre *virante*, tailler le piédestal, sculpter la sainte Image, et le 27 septembre 1853, la statue de Marie se dressait radieuse et souriante au milieu du désert ému.

Ce fut un beau jour de fête pour la Pierre-qui-Vire. De toutes parts , les populations se pressaient autour du pieux monument : le clergé était accouru de tous les diocèses voisins. La suave et ardente parole d'un religieux dominicain se fit entendre sous la voûte du ciel. Après avoir tracé à grands traits le caractère et le but de l'œuvre du P. Muard, il ramena sa pensée sur l'auguste Vierge Marie qui était la reine de la fête, et s'écria : « Déclarons solennellement Marie la Patronne, la force, l'espérance, la Protectrice des Bénédictins Prêcheurs. »

Telle avait été la pensée du P. Muard, et tel fut le rôle confié à Marie. Qu'est-il besoin de dire qu'elle s'en est acquittée et s'en acquitte chaque jour avec un indéfectible fidélité ! Elle est là comme une sentinelle vigilante qui arrête l'ennemi : elle est là comme une mère qui réjouit ses enfants de son amour, et lui montre les joies du ciel où elle les convie.

Cette proclamation du patronage de Marie, fut comme le testament du P. Muard. Moins d'un an après, il mourait, emporté en quelques jours par un mal incurable. Cette mort inopinée semblait devoir porter à son œuvre un coup fatal. Mais il avait confié ses enfants à la garde de Marie, et toujours ramassée sous ce regard maternel la petite communauté

bénédictine a grandi : sans autre ambition
que d'aimer Dieu, Marie, l'Église et les âmes.

CHAPITRE VIII

LE CHEMIN DE LA CROIX.

Ami lecteur, si vous êtes étranger aux pra-
tiques religieuses, ne vous effarouchez pas de
ce titre. Nous voulons assurément vous si-
gnaler un des objets les plus chers à la piété
chrétienne : mais nous vous invitons en même
temps à considérer cette œuvre d'art due à la
conception d'un artiste chrétien.

Écoutez-en l'histoire :

Pendant qu'il travaillait à son admirable
ouvrage sur les catacombes, M. Louis Perret
de Lyon, fit à Rome la connaissance du P.
Muard. Dix ans après, il vint à la Pierre-qui-
Vire : le P. Muard n'était plus ; mais il vit
son œuvre. Le site pittoresque du monastère
l'émut. A la vue de ces forêts, de ces âpres
montagnes, de ce torrent, une inspiration jaillit tout à coup de son esprit et de son cœur :
Je ferai là, s'écria-t-il, un chemin de croix
monumental : j'ouvrirai une voie dans le flanc

de cette montagne : ce torrent sera le Cédron, et là-haut, je dresserai un calvaire.

La pensée communiquée, approuvée, est aussitôt mise en voie d'exécution. Pendant six semaines, tout le monde, religieux, terrassiers, tailleurs de pierre rivalisent d'ardeur : on entasse rochers sur rochers, on fend les blocs de granit, on entaille les pierres qui doivent encadrer les stations et, le 6 octobre 1858, tout fut prêt pour une bénédiction solennelle.

L'éclat de cette cérémonie fut rehaussé par la présence de Mgr Dufêtre, évêque de Nevers. Investi des pleins pouvoirs de Mgr l'archevêque de Sens, il porta la parole, et érigea les croix. Quel spectacle et quelles émotions : Ce chemin de croix suivi publiquement sous la voûte du ciel, cette foule, agenouillée et recueillie, ce Pontife élevant la voix pour prier avec le peuple, ce chant plaintif du *Sancta Mater, istud agas*, mêlé au bruit du torrent, tout cela jetait dans l'âme de saintes tristesses et de douces espérances.

Vous qui ne pouvez goûter ni ces tristesses, ni ces espérances, admirez au moins ce qu'il y a tour à tour de gracieux et de grandiose, dans ces scènes variées presque à l'infini. Voyez cette station qui est enclavée dans la fente d'un rocher, cette autre que baignent

les flots écumeux du torrent, celle-ci qui s'é-
lève entre les branches d'une charmille
agreste, celle-là qu'ombragent les rameaux
d'un chêne antique, cette dernière enfin qui
est posée sur la pointe d'un rocher grisâtre et
couvert de mousse. Regardez cette croix de
granit; qui surmonte chaque station, et qui
se dessine tantôt sur les bruyères et l'épais
feuillage des arbres, tantôt à travers les clai-
rières de la forêt.

Sur cette voie arrosée de sang divin, une
scène vient faire trève à la douleur : c'est la
statue de la Vierge Mère que l'on rencontre
après la sixième station, placée entre les trois
branches jumelles d'un vieux chêne.

« C'est une heureuse pensée, s'écria Mgr
Dufêtre, d'avoir placé sur le chemin du calvaire l'image de la consolatrice des affligés.
Notre vie à tous est un chemin de croix :
heureuses les âmes qui savent y rencontrer
Marie et lui disent : Montrez-vous notre
mère. »

Qui que vous soyez qui gravissez cette
sainte montagne, quand vous rencontrerez
l'image de Marie, arrêtez-vous un instant et
regardez. Tout près est un siége en pierre
avec cette parole : vous qui êtes fatigués,
reposez-vous près d'elle. Suivez ce conseil, et
respirez un peu sous ce regard de mère. Il

vellera dans votre âme la foi si vous ne l'avez pas, la grâce si elle vous fait défaut, et, à coup sûr, un plus grand amour de Dieu et des hommes, et les saintes joies de la vertu avec la force de porter vos croix.

CHAPITRE IX

LA STATUE DU SACRÉ CŒUR DE JÉSUS.

C'est un gracieux petit monument qui fait face à la porte du monastère, s'encadre dans les arbres de la forêt, et se détache dans les airs au-dessus des touffes de verdure.

Le P. Muard voulait couronner toutes ses œuvres en érigeant au sacré cœur de Jésus un monument de sa dévotion et de son amour. La mort lui envia cette joie, et cette dette sacrée échut à ses enfants : ils l'acquittèrent en 1863.

Il y a deux parties dans l'édifice, l'oratoire qui fait piédestal et la statue qui domine. L'oratoire présente une façade d'environ dix mètres de hauteur; le pignon, en forme de triangle isocèle à ses deux côtés armés de crochets : à sa naissance, est une rosace d'un goût très-simple, et au-dessus un trilobe où est gravée cette inscription : *Haurietis aquas in gaudio de fontibus Salvatoris :* Vous puiserez les eaux avec joie aux fontaines du Sauveur. — Le tout est du style roman.

La statue est haute de 2 mètres 85 centimètres. Elle représente Jésus-Christ debout, abaissant ses regards sur la terre, et montrant son cœur figuré en relief sur la poitrine. C'est un type juif du plus beau choix dû au ciseau d'un artiste milanais : on en admire le fini du travail, la grâce des draperies, la vérité de la pose et la douce majesté du regard.

Ce pieux monument fut béni le 24 septembre de la même année 1863. M. Pichenot, vicaire général de Sens, depuis évêque de Tarbes, y prononça un discours éloquent sur la dévotion au Sacré Cœur. Il attendrit toutes les âmes, quand rappelant la dévotion du P. Muard à ce Cœur adorable, il pressa ses enfants de la garder fidèlement comme leur plus précieux héritage : on croyait entendre un écho de la voix du Père bien-aimé qui s'échappait de la tombe.

Aussitôt après la bénédiction, le successeur du P. Muard, en son nom, et au nom de toute sa communauté, prononça d'une voix émue un acte solennel de consécration au Sacré Cœur de Jésus, et par une sorte de contrat divin, il se voua tout entier lui et les siens à la Propagation de ce culte, appelant en retour, la protection et les infinies miséricordes de ce cœur divin, sur l'Eglise, sur la France, sur le diocèse de Sens, sur la petite communauté de la Pierre-qui-Vire.

Que Dieu écoute ce cri d'amour et d'espérance qui continue à s'échapper de tant de poitrines ! Que ce cœur sacré réchauffe à son foyer dévorant les âmes glacées par l'indifférence, et ramène avec la foi, l'espérance et la charité, la paix et la sérénité dans notre patrie si malheureuse !

Voyageur altéré par les rayons du soleil, ne quittez point ce lieu charmant sans aller boire aux fraîches eaux qui coulent à quelques pas, au pied du monument. Elles sortent d'un réservoir où viennent aboutir sous l'oratoire même, toutes les sources de la montagne, et d'où elles se répandent au moyen de canaux dans les bâtiments et les jardins du monastère.

C'est là un mystérieux symbole de ces eaux vivifiantes de la grâce dont la source est au Cœur sacré de Jésus, et qui se répandent partout dans les âmes pour les purifier et les féconder.

CHAPITRE X

LE CIMETIÈRE.

Vous rencontrez le cimetière, en allant de la statue de la Sainte Vierge au monastère sur votre droite, le long du grand chemin.

Neuf croix de bois noir portant une inscription qui rappelle le nom, l'âge et la date de la mort, indiquent les vides qui se sont déjà faits parmi nous. Ce nombre donne une proportion peu élevée relativement à la population du monastère : tous les âges, la jeunesse, la maturité, la vieillesse ont fourni leur contingent à ces reprises de la mort.

Passant qui regardez ces tombes, ne plaignez point ceux dont elles renferment les restes. — Un jour, je suivais les sentiers voisins du cimetière : un petit groupe de visiteurs vint à passer. Tiens, s'écria l'un d'eux, voyez donc où sont enterrés ces malheureux !

Sans être vu ni entendu, je fis tout bas sur mes lèvres, mais bien haut dans mon cœur cette protestation : *Enterrés*, oui, *malheureux*, non.

Ils sont enterrés, et plus enterrés que personne, puisqu'ils n'ont pas même l'intermédiaire d'un cercueil entre leur corps et la terre.

Mais cela pourrait-il donc les rendre malheureux ? Quelques planches de plus ou moins sont-elles donc une affaire ? Et les feuilles de plomb, et les cercueils de chêne, et les tombeaux de marbre ou de porphyre retardent-ils de beaucoup l'horrible décomposition qui est la loi commune ?

Cette fosse à demi-ouverte que vous voyez et qui semble appeler son hôte, n'est pas non plus ce qui attriste les survivants. Ils vivent dans la pensée et dans cette vue habituelles de la mort, et avec le trésor de la grâce qu'ils possèdent, avec le mépris des biens d'ici-bas l'espérance des éternelles félicités, voilà ce qui ôte pour eux à la mort son amertume ; voilà ce qui rend leur agonie douce et leur sortie de ce monde plus agréable que toutes les joies de la terre.

Voyageur d'un jour ici-bas, emportez gravée dans votre cœur cette sentence que vous pourrez lire sur un des murs du monastère :

Le plaisir d'y mourir sans peine, vaut bien la peine d'y vivre sans plaisir.

CHAPITRE XI

CONSTRUCTION DE L'ÉGLISE.

Jusqu'en ces derniers temps, la Pierre-qui-Vire n'avait point d'Église : on donnait un asile à Dieu comme on pouvait, tantôt dans coin, tantôt dans un autre coin du monastère.

Ce n'était point digne de Dieu. Jésus-Christ ayant voulu demeurer sur la terre, a le droit de cité partout ; partout il faut une maison qui lui soit propre, que personne ne puisse lui disputer, lui emprunter, lui changer pour une autre.

Il faut en outre, que cette maison ne soit pas trop indigne de la majesté qu'elle doit abriter. Pour Dieu et Jésus-Christ, on ne doit rien épargner : car, dit la sainte Écriture, ce n'est pas à un homme, mais à un Dieu qu'on prépare une demeure. C'est ainsi qu'en jugeaient les saints, et en particulier, pour ne citer qu'un exemple, les fils et les frères de Saint Bernard, ces austères Cisterciens, qui au temps de leur primitive ferveur, n'ayant pour eux-mêmes que de chétives cabanes, élevaient à Dieu ces temples magnifiques dont nous voyons un des plus beaux types dans l'église de Pontigny.

Sous l'influence de ces pensées, les religieux de la Pierre-qui-Vire, résolurent en 1864, de commencer la construction de leur église sans ressources, ne comptant que sur Dieu, ils se mirent déterminément à l'œuvre, bien décidés à ne pas devancer la marche de la Providence, activant les travaux, quand les ressources abondaient, les ralentissant quand elles diminuaient.

Les inégalités et les pentes du terrain nécessitèrent des travaux de soutènement et de grandes substructions dont on utilisa les vides pour en faire des chapelles souterraines. Ces premiers et indispensables préparatifs occupèrent environ quatre mois de constant et pénible labeur, et ce ne fut que le 14 septembre de la même année, qu'on put bénir solennellement la première pierre de l'église proprement dite.

Dans un discours où régnaient à un égal degré l'élévation des pensées, la beauté du style, l'énergie de la foi et la chaleur de l'action, M. l'abbé Bonnard, de si sainte et si regrettée mémoire rappela les symboliques significations de l'église matérielle, et ses mystérieuses analogies avec l'église vivante de Jésus-Christ, avec les âmes qui sont les temples de Dieu, avec l'Eglise éternelle des saints qui est au ciel.

Quand les deux pierres qui sont considérées comme le fondement et l'appui de tout l'édifice, furent bénites et posées, on invita M. le comte Charles de Montalembert et madame la comtesse de Chastellux à venir frapper du marteau celle de droite, M. le comte Henri de Chastellux et madame la comtesse de Montalembert celle de gauche, ces deux pierres sont faciles à reconnaître : elles sont à la base des colonnes qui commandent l'entrée des cryptes, et portent chacune sur la paroi qui regarde la grande nef, une petite croix en relief taillée dans le granit.

Cette bénédiction de la première pierre de l'Eglise a visiblement porté ses fruits. Cette œuvre humainement impossible est réalisée aujourd'hui : au dire des plus experts en ces matières, elle devait marcher lentement et attendre de longues années, son achèvement final : et sept années à peine se sont écoulées depuis le premier coup de marteau du maçon jusqu'au dernier coup de ciseau du sculpteur, et la voilà qui s'élève dans toute la beauté et la fraîcheur de sa jeunesse, appelant la bénédiction du Prélat consécrateur.

CHAPITRE XII.

LA DESCRIPTION ET LE CARACTÈRE
ARCHÉOLOGIQUE.

Comme vous le voyez, pieux visiteur, l'église de la Pierre-qui-Vire s'élève sur le flanc gauche du monticule qui porte le monastère. Elle va du sud-est au nord-ouest, dans une longueur de 41 mètres dans œuvre et une largeur d'environ 16 mètres. Les rochers qui environnent son chevet et la rendent inaccessible de ce côté, n'ont pas permis de suivre les règles du symbolisme liturgique en dirigeant le chœur vers l'Orient.

Trois portes correspondant aux trois nefs donnent accès dans l'intérieur : au plein cintre de ces portes et des fenêtres, à l'ogive des voûtes et des arcades, vous reconnaissez tout de suite le roman de transition (XIIe siècle), style à la fois plein de grâce et de sévérité, et qui a de mystérieux rapports avec la vie monastique, où l'on voit associées ensemble et la plus rigoureuse austérité de vie, et la plus douce affabilité de mœurs. C'est la pensée qui naît confusément dans l'esprit de tout homme qui pense, à la vue de cette heureuse alliance de l'art ogival et du roman qui s'offre à ses regards.

La longueur des nefs est partagée en quatre travées : le sanctuaire et l'abside sont élevés d'un mètre au-dessus du niveau commun de l'église : le sanctuaire occupe tout l'intertransept, et l'abside forme le chœur des Religieux : les nefs latérales et les bras du transept sont terminés par de petites chapelles en hémicycle ou absidioles. Les voûtes de la grande nef mesurent 13 mètres de hauteur sous clef.

Le maître-autel est placé entre le sanctuaire et l'abside et dédié aux SS. Cœurs de Jésus et de Marie. Cinq statuettes enchâssées dans des niches ogivales en font le seul ornement : au milieu, est Jésus-Christ montrant son cœur aux hommes : à droite, saint Jean, le disciple bien-aimé ; à gauche, saint Jean-Baptiste, le précurseur : au coin de l'Évangile, saint Benoît, tenant en main le livre de la Règle et les verges de la Pénitence : au coin de l'Épître, saint Bernard, le plus illustre des enfants de saint Benoît, et partageant avec tous les saints que nous venons de nommer, le titre de Protecteur et Patron du monastère.

A droite du maître-autel, du côté de l'Évangile, la petite chapelle absidale est dédiée à la sainte Vierge. L'autel et le tabernacle sont sculptés et ornés avec un soin particulier : c'est là en effet que doit résider Jésus-Christ dans le Sacrement de son amour. Trois statuettes sont placées dans des niches au-devant de l'autel : au milieu, on voit Notre-Dame du Sacré-Cœur ; à droite, la bienheureuse Marguerite-Marie ; à gauche, sainte Gertrude, abbesse bénédictine, toutes les deux amantes passionnées du Cœur de Jésus, et à ce titre, merveilleusement bien choisies pour garder, avec la divine mère, Jésus-Christ au très-saint Sacrement de l'Eucharistie.

A gauche du maître-autel, du côté de l'Épître, on trouve la chapelle de saint Joseph, père nourricier de la sainte Famille, déclaré patron principal de l'église par un décret récent de Pie IX, bienfaiteur particulier et infatigable de la Pierre-qui-Vire, à qui soit amour et actions de grâces à jamais.

Les deux chapelles situées à l'extrémité des bras du transept sont dédiées, l'une, celle de droite, à saint Benoît, patriarche des moines d'Occident, l'autre, celle de gauche, à sainte Scholastique, sa sœur et la plus fidèle imitatrice de ses vertus.

Les vitraux des fenêtres et des rosaces sont de simples grisailles ou des mosaïques. Le vitrail du fond de l'abside représente Jésus-Christ montrant son cœur aux hommes ; dans un petit médaillon placé en bas on voit Jésus-Christ qui apparaît à la bienheureuse Marguerite-Marie, et lui enjoint de faire connaître et de propager la dévotion à son cœur adorable. C'est le don d'une insigne bienfaitrice : il sort des ateliers d'un artiste chrétien de Paris, M. Claudius Lavergne. D'autres vitraux, dûs également à la générosité de bienfaiteurs, et représentant la sainte Vierge, saint Joseph, saint Benoît, sainte Scholastique décoreront bientôt les fenêtres des chapelles dédiées à ces saints : les malheurs du temps sont les seules causes qui en ont retardé l'achèvement.

Que reste-t-il à dire, sinon que le plan, les dessins, la construction de toute cette église sont dûs à un simple Religieux du couvent, sans autre instruction que l'enseignement primaire de son village, sans autre étude que l'apprentissage du métier de charron qu'il exerçait dans le monde, — et également que toutes les grisailles et mosaïques des fenêtres et des rosaces sont le coup d'essai d'un autre Religieux jadis plâtrier, qui, après quelques mois d'un rapide apprentissage chez les RR. Pères Dominicains de Lyon, est devenu presque maître-ès-arts.

CHAPITRE XIII.

LES CRYPTES.

Les cryptes sont sans contredit une des parties les plus intéressantes du monument. On y descend par un double escalier tournant qui prend naissance au pied du grand escalier du sanctuaire. Quand vous en avez franchi les degrés, vous arrivez sur un palier qui réclame un instant votre attention. Au demi jour d'une lumière d'emprunt, vous voyez régner de chaque côté un parapet en granit : sur ce parapet sont deux rangs de gracieuses colonnettes qui portent une voûte romane à trois rangs d'arcades ; en face, à l'extrémité du palier, vous découvrez dans une mystérieuse obscurité la Confession ou tombeau des saintes reliques, placée, comme le veut la liturgie, au-dessous du maître-autel. Je ne sais quels sentiments se pressent dans le cœur quand on pénètre dans ces sanctuaires sacrés ; ces demi ténèbres en plein jour, ces souvenirs du passé, ces ossements des saints et des martyrs, tout cela frappe l'imagination d'une religieuse terreur et jette dans l'âme les plus profondes et les plus salutaires émotions.

Continuez à descendre, et au bas de ce nouvel escalier vous trouvez une première crypte qui règne sous l'extrémité du transept méridional et de la nef adjacente. Nous n'en parlons que pour mémoire, et avançant sous le palier que vous venez de traverser, vous arrivez droit à la porte de la principale crypte.

Cette chapelle dédiée à saint Maur et à saint Placide, premiers disciples de saint Benoît, s'étend sous toute l'abside de l'église supérieure. Deux rangs de colonnes monolithes très-sveltes et très-dégagées, ornées de feuillages aux chapiteaux supportent les voûtes qui sont de l'époque romane ; cinq fenêtres, garnies de vitraux en grisailles, y distribuent une lumière tempérée, très-favorable à la contemplation. L'autel placé immédiatement après la porte d'entrée et faisant face au rond-point de l'abside, est adossé à un rétable flanqué de deux tourelles avec leurs créneaux, ce qui lui donne l'aspect d'un château-fort, et rappelle naturellement cette parole de l'Ecriture : « La sagesse s'est bâti un temple : elle a envoyé ses servantes à la citadelle, pour convier les hommes à son banquet divin. » C'est là, en effet, que Jésus-Christ repose dans l'Eucharistie : c'est là qu'il convie à sa table sainte ses enfants de la solitude : c'est là aussi que les Religieux psalmodient les divins offices de la nuit, et se livrent au saint exercice de l'oraison mentale.

Si vous voulez ne rien oublier du tout, descendez encore pour arriver à une seconde crypte plus profonde et très-étroite, dédiée à saint Romain, père nourricier de saint Benoît, dans sa grotte de Subiaco. Rien dans ce petit sanctuaire ne mérite de fixer votre attention, si ce n'est un autel en bois de forme très-simple, le premier sur lequel fut offert le saint Sacrifice à la Pierre-qui-Vire et qui a tant de fois été témoin de l'angélique ferveur du P. Muard : précieuse relique à qui tous les trésors du monde ne sauraient être comparés.

CHAPITRE XIV.

LA TRANSLATION DES RESTES DU P. MUARD.

Quand le pieux et vénéré fondateur de la Pierre-qui-Vire mourut, son corps fut déposé en terre, tout près de la cabane de chaume qui avait abrité les débuts de la communauté, la tête dirigée vers le midi et le regard tourné vers la statue de Marie, dont il semblait chercher encore le doux visage. Une petite clôture en bois noir protégeait cette tombe, et une simple croix de bois toute unie en faisait tout l'ornement.

C'est là que tant de fois ses enfants sont venus prier. C'est là qu'ils sont venus tant de fois méditer sur cette tombe éloquente, et s'enflammer d'amour pour Dieu et de zèle pour les âmes. C'est là que tant d'âmes sont venues solliciter une grâce, puiser une consolation, confier un vœu, chercher le courage contre les entraînements du mal, emportant chacune un pieux souvenir, cueillant une fleur, ramassant un grain de sable de cette tombe chérie et vénérée.

Ces précieux restes demeurèrent là jusqu'en 1867 : à cette époque, les travaux de construction empiétant chaque jour sur les terrains adjacents, il devenait urgent de les transférer ailleurs.

Monseigneur Bernadou, Archevêque de Sens, tout récemment arrivé dans son diocèse, voulut donner à la Pierre-qui-Vire une part dans les prémices de son épiscopat, en présidant lui-même à la translation des restes du P. Muard.

C'était le 11 octobre de la même année

1867. De grand matin, le docteur Edmi Gagniard, d'Avallon, était là, dirigeant les travaux d'exhumation : treize ans auparavant, après avoir prodigué, mais en vain, tous les soins de son art au P. Muard mourant, il était venu extraire et embaumer le cœur de son ami défunt : en ce jour, il revenait avec une invincible fidélité recueillir et dérober ses ossements à l'inexorable loi de la destruction.

On sortit donc ces ossements de la terre où ils étaient enfouis, et après les avoir lavés et séchés, on les enveloppa dans une toile de fin lin, et recouverts d'un habit religieux, ils furent déposés dans un double cercueil de plomb et de chêne.

On plaça ce cercueil sur un catafalque au milieu du transept de l'église encore inachevée, et à 10 heures, Monseigneur l'Archevêque commença la cérémonie. Pour se conformer aux lois de la sainte Église, qui ne veut pas être devancée dans le culte public qu'elle rend aux serviteurs de Dieu, la messe des morts fut chantée : mais cette prière de supplication et de suffrage se changeait involontairement sur les lèvres en prières d'invocation et en chant de triomphe.

Après la messe, M. Pichenot, vicaire général, rappela, dans une chaleureuse impro-

visation, les principaux traits de la vie du
P. Muard, et à la fin, s'adressant aux Religieux : « Gardez bien ce dépôt, leur dit-il,
l'Église vous en demandera compte un jour.
Si la tempête se déchaîne et vous arrache du
sol, chargez ces ossements sur vos épaules et
emportez-les avec vous sur les chemins de
l'exil, comme les Israélites emportèrent ceux
du patriarche Joseph. »

Après que la cérémonie religieuse fut ter-
minée, les flots du peuple se précipitèrent
autour du catafalque : tous voulaient rester
là pour prier encore. Durant plus de quatre
heures, deux et souvent trois Religieux furent constamment occupés à faire toucher à
ces restes vénérés des croix, des chapelets,
des médailles, des images, des livres de prières, des pièces de monnaie, des linges et des
mouchoirs.

Oh ! que je voudrais donc bien le voir,
s'écria une pauvre femme ! Je resterai bien
jusqu'à ce soir, s'il le faut ! — Et il fallut
découvrir ce chef vénérable, et le livrer aux
regards et aux pieux transports de la foule.

Quand le soir fut venu, on déposa dans le
cercueil une pièce authentique relatant les
années de la naissance, de la mort et de la
translation des restes du P. Muard ; puis le
cercueil lui-même, scellé d'une triple em-

preinte du sceau de Monseigneur l'Archevêque, fut descendu dans un caveau préparé à cet effet, à la lueur des flambeaux et au chant du *Benedictus* et de l'antienne *Ego sum resurrectio et vita.*

Pieux chrétien qui voulez prier sur cette tombe, vous la trouverez dans la chapelle absidale qui termine le transept nord, et qui est dédiée à sainte Scholastique. Sur la pierre au-dessous de l'image des SS. Cœurs de Jésus et de Marie, vous lirez l'inscription suivante qui est en latin et que nous traduisons en français : « Ici repose, dans la paix du Seigneur, le R. Père Jean-Baptiste Muard, fondateur de ce monastère, décédé le 19 juin 1854. »

CHAPITRE XV.

LA CONSÉCRATION DE L'ÉGLISE.

Ce chapitre est prématuré. Nous ne pouvions pourtant pas le supprimer entièrement. En attendant que les faits nous fournissent un récit, nous avons cru utile de présenter à la piété des fidèles, qui assisteront à cette cérémonie, un petit guide et un aliment.

Dans l'impossibilité où nous sommes de relater les détails, c'est, pour ainsi dire, une table sommaire du pontifical romain que nous allons dresser.

Dès la veille, l'Église veut qu'on se dispose à la solennité du lendemain, par un jeûne obligatoire pour le prélat consécrateur et pour tous ceux qui demandent la consécration. La veille de ce même jour, l'Évêque prépare lui-même les reliques des martyrs qui doivent être placées dans le tombeau de l'autel, et depuis ce moment jusqu'au lendemain matin, l'office des SS. Martyrs est chanté et récité en présence de ces restes sacrés, sans aucune interruption, ni le jour, ni la nuit.

Le lendemain, le Prélat se rend, avec le Clergé et les fidèles, à la chapelle des reliques et y fait des prières préparatoires. — Puis, revenant devant l'église, il en fait trois fois le tour à l'extérieur, aspergeant les murs d'eau bénite, en haut, en bas et au milieu, afin de dissiper et d'écarter au loin les vains fantômes et les prestiges des esprits de malice. Revenu pour la troisième fois devant le portail de l'église, le Prélat trace une croix avec sa crosse sur le seuil et fait son entrée dans le temple, tandis que le peuple demeure au dehors.

Pendant le chant du *Veni Creator* et des litanies des saints, on forme sur les dalles de la grande nef une croix de saint André, avec des cendres, et sur les deux bras de cette croix, l'Évêque trace avec sa crosse, les lettres de l'alphabet Grec et de l'alphabet latin, mystérieux symbole qui nous apprend que Jésus-Christ règne sur toute langue qui se parle, sur toute race qui respire au soleil.

Le Pontife procède ensuite à la Bénédiction de l'eau dite Grégorienne, mélange d'eau, de vin, de sel et de cendres, et appelée de ce nom, à cause de Saint-Grégoire-le-Grand, qui le premier en fixa les rites. — Puis, il asperge de cette eau, d'abord l'autel, dont il fait jusqu'à sept fois le tour, ensuite les murs à l'intérieur, trois fois et de la même manière qu'il a fait à l'extérieur, enfin le pavé du temple, dans sa longueur et sa largeur, au levant et au couchant, au nord et au midi, signifient par là combien doit être saint cet autel qui verra couler le sang de la divine victime, combien doivent être purifiés ces murs qui recueilleront les chants de la Louange et les enverront au ciel, combien pur doit être ce pavé lui-même qui sera foulé par les pieds des Saints de la terre, et qui dirigera les pas des pécheurs vers les sources sacrées de la miséricorde et du pardon.

Exclu jusqu'ici de toute participation directe aux cérémonies, le peuple va désormais en être témoin. La procession des saintes reliques commence : de la chapelle où elles ont été disposées, elle se rend devant le portail de l'église, et de là comme du point de départ elle se met en marche et fait le tour extérieur du temple, au chant constamment répété du *Kyrie eleison*. Après quoi le prélat ayant fait avec le saint chrême une onction sur la porte principale, entre dans l'église et la foule le suit.

Il se rend à l'autel, marque d'une onction les quatre anges du tombeau, y dépose les reliques, le renferme d'une pierre qu'il scelle avec du ciment, et répand tout autour les parfums de l'enceus qui montent au ciel avec la prière. Puis, après avoir fait de nouvelles onctions, et répandu les huiles saintes, sur toute l'étendue de la table de l'autel, il commence la consécration de l'église proprement dite.

Il marque du saint chrême les douze croix tracées sur les murailles ou sur les colonnes, figures des douze apôtres, soutiens de l'édifice matériel comme les apôtres le sont de l'édifice spirituel, après quoi il les encense pendant qu'au-dessus des croix continuent à brûler et à répandre la lumière, les douze cierges, symboles de la foi et de la charité que les Apôtres ont prêchées au monde.

Laissons de côté quelques détails et terminons en disant, qu'après avoir achevé ces pieuses cérémonies, l'Evêque célèbre pontificalement la messe sur l'autel et dans l'église qu'il vient de consacrer.

Ami lecteur, à bientôt, pour compléter cette page, le récit de la grande fête qui aura lieu le 25 juillet 1871.

CHAPITRE XVI

LE DOUBLE PROGRÈS DE L'ŒUVRE.

Quiconque lira attentivement les pages précédentes, se posera sans doute ici une question.

Je vois bien les murs qui montent, et l'œuvre matérielle qui se développe. Mais en est-il de même dans l'ordre spirituel et moral ? L'institut s'est-il développé ? La constitution intérieure s'est-elle affermie ?

Sans témérité, nous pouvons répondre oui à cette trop légitime question. Nous pouvons même ajouter que la Providence semble s'être étudiée à mener de front ce double progrès de l'ordre matériel et de l'ordre moral, et à produire à chaque développement extérieur, un développement intérieur analogue et correspondant.

Malgré les sévérités d'un régime et d'une discipline austères, les vocations sont venues, moins nombreuses assurément que les besoins et les désirs, assez nombreuses toutefois, pour que les deux grands buts que s'est proposés le P. Muard, la louange de Dieu et l'apostolat des âmes ne soient jamais interrompus. Dieu a même répandu sa bénédiction sur cet institut à peine éclos et lui a donné la fécondité : de cette pauvre petite ruche, sont déjà sortis deux essaims qui ne sont pas sans consolation et sans espérance.

Mais ce mouvement d'expansion nous touche peu : ce qui nous console et nous rassure, en nous offrant des garanties de stabilité et de progrès, c'est le travail de formation et de consolidation qui s'est opéré au dedans.

En 1857, les murs du couvent s'élargissaient pour embrasser dans leur enceinte les nouvelles habitations nécessitées par les recrues du noviciat, et en même temps que nous scellions ces murs à l'indestructible granit du sol, l'auguste chef de l'église, l'incomparable Pie IX scellait l'institut de la Pierre-qui-Vire au roc immuable et treize fois séculaire de l'ordre bénédictin. Notre affiliation à la réforme si heureusement opérée dans la congrégation du Mont Cassin par le très-Révérend et très-illustre abbé Casaretto, nous donnait une existence canonique, et une place reconnue dans l'Eglise.

En 1863, un nouveau pas fut fait dans la voie du progrès. Le monastère de la Pierre-qui-Vire avec ses deux filles, Béthisy-Saint-Pierre et Saint-Benoit-sur-Loire, fut érigé en province bénédictine française, sous la protection du Sacré Cœur de Jésus : c'était lui donner avec la vie générale de l'ordre, une part de vie propre et spéciale réclamée par les besoins de nos ministères et de nos œuvres.

En même temps se mûrissait le projet d'élever à la gloire des SS. Cœurs de Jésus et Marie, cette église objet de tant de sollicitudes, bâtie par les aumônes des pieux fidèles, et cimentée par tant de prières, tant de saints désirs, tant d'élans d'amour et de reconnaissance.

Elle est achevée maintenant : dans quelques jours la consécration solennelle qui en sera faite mettra le dernier sceau à cette grande entreprise.

Y aura-t-il cette fois encore, un progrès de l'ordre moral correspondant ? Quel sera-t-il ?

Sera-ce une fécondité nouvelle et inopinée ? Sera-ce une marche en avant, une pacifique expédition, une conquête évangélique sur les nations infidèles ? Sera-ce autre chose encore, ou n'y aura-t-il rien du tout ?

Il n'est point utile de donner carrière à son imagination : Dieu s'est réservé l'avenir, et il n'en communique le secret qu'en de rares circonstances. Du reste, le seul point essentiel pour les enfants du Père Muard, c'est d'être à l'exemple de leur saint fondateur, toujours dévorés d'amour pour Dieu et de zèle pour les âmes, toujours soumis aux volontés divines et prêts à répondre à l'appel de la Providence.

TABLE

Ee... Imp. Duch...min.

www.ingramcontent.com/pod-product-compliance
Lightning Source LLC
LaVergne TN
LVHW022248030726
842520LV00009B/1321